I0038879

Anatomía de una REBELDE

Anatomía de una REBELDE

Sista Lily

Las imágenes de esta obra fueron generadas mediante herramientas de inteligencia artificial.

La edición de este libro estuvo a cargo del autor, quien optó por realizar los ajustes y correcciones de manera personal, sin contar con los servicios editoriales de Hola Publishing Internacional. En consecuencia, Hola Publishing Internacional no asume ninguna responsabilidad por los errores o inconsistencias presentes en el texto, incluyendo pero no limitándose a errores gramaticales, tipográficos, de estilo o contenido. Cualquier modificación, omisión o inconsistencia es responsabilidad exclusiva del autor.

Hola Publishing Internacional
Eugenio Sue 79, int. 4, Col. Polanco
Miguel Hidalgo, C.P. 11550
Ciudad de México, México

Primera edición, julio 2025
ISBN: 978-1-63765-806-2
Número de control de la Biblioteca del Congreso: 2025916592

Los contenidos de este libro se ofrecen únicamente con fines informativos. Todos los nombres, personajes, negocios, lugares, eventos e incidentes son ficticios. Cualquier semejanza con personas reales, vivas o fallecidas, o con eventos reales, es pura coincidencia.

Prolegómeno

En 1602, Caravaggio nos obsequió un cuadro titulado *La incredulidad de santo Tomás*, que presenta la escena de Jesús resucitado. Según la tradición, los discípulos llevan la "buena nueva" a todas partes, pero uno de ellos, Tomás, que aún no ha asistido al milagro, se niega a creer que alguien puede volver de la muerte. En determinado momento, Jesús se presenta ante Tomás que, a pesar de la evidencia, sigue obcecado en no aceptar lo que está sucediendo. Como prueba de identidad, el resucitado invita a su discípulo a literalmente *meter el dedo en la llaga*. La pintura del artista nos muestra la herida provocada por la lanza de Longino y al discípulo inclinado, con el índice derecho dentro de la herida.

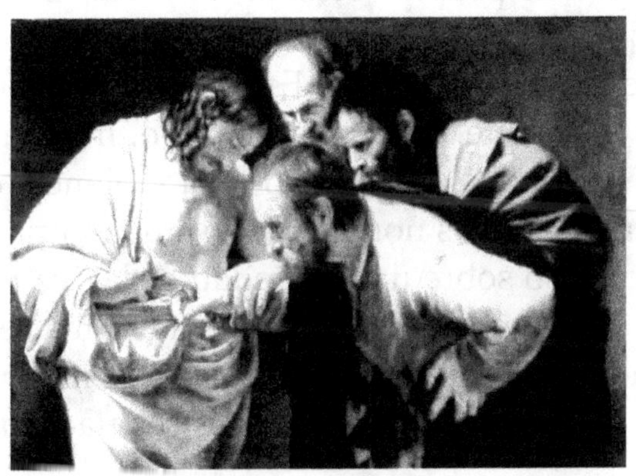

Este cuadro vino a mi mente al leer el poemario que tienes en tus manos: la autora se arranca el corazón y lo pone en la mesa, nos invita a leer su vida, o parte de ella, escrita en sangre. Sin tapujos ni ambages. Esta es una muestra de arte oscuro, violento e intempestivo, como esas exposiciones del cuerpo humano que nos presentan órganos polimerizados, que nos maravillan, nos desconciertan y al mismo tiempo nos perturban.

En *La incredulidad de santo Tomás* Caravaggio nos obsequia un detalle casi imperceptible: a pesar de estar frente a Jesús, a pesar de escucharlo y tener el dedo dentro del herida, el discípulo sigue *sin ver*. Observando el cuadro podemos percatarnos que sus ojos están oscurecidos: a pesar del milagro, Tomás permanece cegado ante el prodigio.

En este poemario encontrarán imágenes o escenas difíciles de leer, no por cómo se plasman sino por lo que implican. La autora nos invita a un profundo proceso de catarsis y autopurificación que denota largas horas de reflexión y trabajo interno. Lo plasmado, si lo vemos someramente, puede cegarnos, a pesar de que estamos metidos en la herida abierta, a pesar de tener el dedo en la llaga.

Si, por el contrario, no te quedas con el golpe de vista y logras ver la evidencia de la mujer que resucita, reencarna y renace de sus propias cenizas, te percatarás de que el trabajo que tienes hoy en tus manos es una obra de un profundo amor por la vida. Este poemario es un trabajo de amor en el que, estoy convencido, muchas mujeres se verán reflejadas, pues expone la violencia de un sistema patriarcal y sus normas, que siguen imponiendo un modelo caduco sobre una sociedad cada vez más libre y cada vez más consciente. De la misma forma servirá para que los hombres reflexionen y replanteen masculinidades tóxicas y las formas en las que estas se relacionan y viven

sus responsabilidades como abuelos, padres, hijos, hermanos, parejas o amigos. La ceguera voluntaria ya no será una opción de vida.

Hoy asistimos al milagro de la resurrección de una mujer que, con su poesía, nos sacude de nuestro cotidiano y nos invita a autoconocernos.

Alejandro Cardiel S.

Índice

Semilla rota

Semilla rota

A veces siento que soy las estaciones del año

Universo   eres el caos que contiene el orden
danza primigenia   de creación y destrucción
habitas en mis sueños paisajes oníricos

Veo hojas caer en espiral
jacarandas florecer explosiones de lavanda
copos de nieve bailando en el aire
al sol resplandeciendo con fuerza

A veces siento que soy   las estaciones del año
primavera en la sangre   verano en la piel
otoño en los huesos   invierno en el alma

Me habita un espíritu arboliano de raíces invisibles
me conecta al tiempo memoria ancestral
a la tierra que soy fluyendo en mis venas

El recuerdo de mi reflejo en el agua
pequeña niña que ama comer frutas de estación
abrazando su muñeca con amor puro
vestido floreado   una frase de topo gigio

En mis ojos habita el sol y la luna
día y noche en constante baile
de colores me visto la realidad
tejido de alegrías y tristezas
niña que contiene el universo en su mirada
y a veces eco de silencio primordial

Diadema de estrellas en un planeta rosa
vivo la tendencia de la entropía
el desorden que busca el orden
encuentro inmensa belleza en ello

Matices de realidad y fantasía entrelazan mi existencia
día y noche
abstracción y materia
espíritu y carne
navegando brújula en mano por el mar de la vida
explorando los confines del ser

Niña-madre

Su seno familiar altamente conservador
hija mayor de siete
~~suplente materno de seis~~

sus gritos de libertad silenciados
a punta de **golpes con cuero**
indefensión y miedo se volvieron hábito.

Vivió en un siglo opresor
—en lo público como en lo privado—,
en su mente tenía que ser la buena hija,
por eso buscó nunca decepcionar.

Aun así, rompió con la idea de aguantar
cuando su vida se veía en gran peligro.

Nunca sabremos si su maternidad
fue realmente elegida o impuesta.

Despersonalizada y con distorsiones de la realidad,
aprendió a callar y tragarse el dolor.
Sus necesidades afectivas ella suprimió.

Temor al conflicto,
ligado a las heridas de:
injusticia y humillación.
Hoy veo tu historia de mujer.

en mi corazón nace la bondad
—somos tus hijas.
me niego a ejercer un rol que no tengo.

Cada noche suplico a las diosas
te sanen el corazón, pero madre
ayúdate, que ellas te ayudarán.

Te veo ya sin fuerzas de sanar,
menos para luchar,
no siempre fuiste víctima, lo sé.

Aprendiste a usar a los hombres, o eso creías
hasta que la muerte le llegó al que te compraba.

Él te sabía indefensa,
usó sus privilegios hasta el final,
te dejó con deudas y dolor.

Antinatural

Mi percepción de la muerte es disruptiva
desde que se llevó de mis brazos
a mi hijo de catorce días de vida.

La muerte de mi abuela,
a mis diez años, me dolió, pero sané.

Cuando alguien muere
ya lo veo tan cotidiano
como a la vida misma.

No negaré que cuando
murió mi abuelo materno,
no lloré ni una sola lágrima.
Sus enseñanzas quedarán en mí
cada día en mi trabajo,
pues él me enseñó a detectar si a una comida le faltaba algún condimento
y también si le sobraba algo para crear el platillo perfecto.

Sin embargo, no lo voy a
idolatrar al morir
sabiendo que había
cosas de su persona
que nunca me agradaron.

Veo a la muerte ya tan natural
que ya no duele que las personas trasciendan.

Hoy pido una disculpa,
sino me derriba el dolor
por la muerte de alguien mayor.

Como tu madre o abuela, o alguien
con enfermedad terminal, pero pido
me entiendas, fui la que se relacionó
con la muerte de manera antinatural.

Porque no fue natural
ver el cuerpo de mi hijo
en un ataúd pequeño y blanco.

¿Qué dolor más fuerte puedo vivir?
¡Ninguno!

Maternidad adolescente

Sí, fui yo la que tuvo sexo sin tener la mínima idea
de la responsabilidad de mi salud.

En lo emocional,
creerme adulta con total libertad,

Con ideas románticas…
sobre el amor, la familia
y cómo era vivir en la sociedad.

Pasé tardes de sexo desenfrenado
sin preocupaciones por mi fertilidad,
varios sustos tuve, **jugando a la ruleta rusa,**
dicen que maté mi diversión.

Pero nunca fui *la madre que exigían*
y eso me hizo cometer muchos graves errores.

Separaciones por creer…
en bellas palabras,
cegada ante las acciones.

Mi entorno,
con violencias y carencias,
no daba espacio a buena información.

Tomé la responsabilidad
con lo que sabía y tenía,
en los libros encontré…
una fuente de otras perspectivas,
alternativas que tomé para salvarme, pero..
¿Cómo salvar una vida vaciada ante la muerte,
los golpes, el miedo?
la poca dignidad existente
y pocas personas a las que les importará verme bien.

No debí

Hoy, la culpa se desvanece
admito que no debí ser madre
mi pecho árido con eco hueco

No sé arrullar
me vi atrapada en la jaula moral
barrotes del "deber ser"
candados de escasez
y el aborto sombra prohibida

Maternar
como yugo al cuello
desgaste lento frustración voraz
desesperanza árida soledad punzante
Solitaria, sí aunque parí
asumí la consecuencia
mi vida ofrenda a un dios ausente
nunca estuvo en mi objetivo
sacrificar mi vida por nadie

¿Egoísta? quizás
¿Inhumano? puede ser
pero el otro artífice con las manos limpias
palabras huecas y livianas
"No tengo tiempo
No tengo dinero
No tengo ganas de ser padre"

El aborto del hombre:
en silencio cómplice con sonrisa burlona
recibe una palmadita en la espalda
en cuanto a nosotras
somos apedreadas por la hipocresía
crucificadas en miradas ajenas

Ya nada importa
ni el aire que respiro
ni la luz que me ciega
¿Qué sendero tomar?
morir por dentro fantasmas en vida
o buscar la paz en el abismo por mano propia

Mi hijx
cayó al vacío tecnológico
de la pantalla fría dedos ágiles
que no buscan contacto

Le fallé me fallé
no soy guía no soy ejemplo
no soy madre

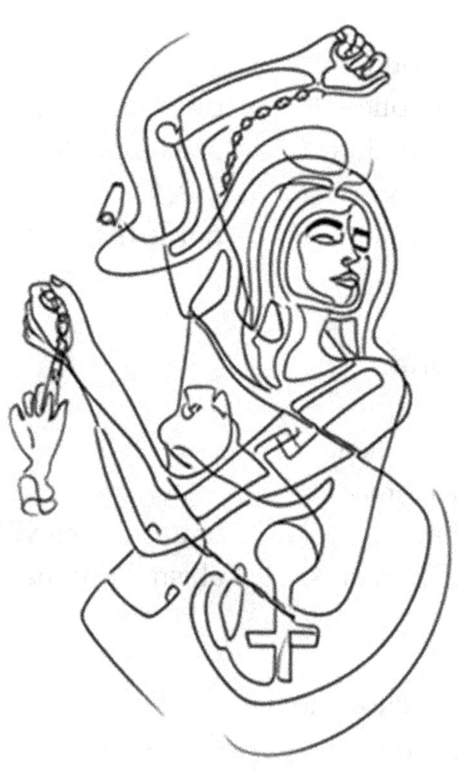

Es tu vida

Maternidad jardín de rosas
decisión y derecho cercenado por ajenos
grabado a fuego en mi vientre por el Estado
patriarcado con moral impuesta

Obligar a ser o no madre esclaviza cuerpos y almas
abuso a mi libertad
elige con sabiduría ancestral de tu ser
el método anticonceptivo que acomode a tu cuerpo
a tu vida sexual, a deseos y sueños

Es tu vida recuérdalo en cada latido   en cada suspiro
no permitas que te arrebaten el timón
ser madre es labor pesada y grande
también fuente de un amor puro
sociedad ciega y egoísta
nos ve como lastre frenando el progreso
me invisibiliza   me devalúa

Somos pilar del hogar en privado
ocultan nuestra aportación a lo publico
fuerza creadora, inteligencia y talento

Cada gesto, cada cuidado en nombre del amor
en realidad, devalúa mi entrega
convertida en obligación en deber incuestionable

Así justifican posición servicial
esclava moderna por razones funcionalistas
argumentos que nos reducen a objeto
pieza más del engranaje social

Libertad y derecho a ser única e irrepetible
se rompe en juegos de la infancia que imponen
roles que asfixian en jaulas doradas aprisionan mi espíritu
hoy mi voz se levanta   fuerte y clara
grito para reclamar mi lugar
romper cadenas   construir un futuro
donde la maternidad sea elección libre y consiente
mujer, se dueña de tu destino

La carente

Soy la carente de inteligencia
soy la carente de equilibrio
soy la carente de valor
Soy la carente de amor
soy la carente de sentido
soy la carente de una esencia
Soy la carente de compromiso

Aquí careciendo me veo en espejos líquidos y oscuros
Mi carne es anzuelo para atrapar engendros fálicos

El conocimiento cambiante,
me hace carente de lo estable
Mis deseos son la herida infectada que me corta
en fragmentos para el estudio.
Porque entera, compleja y sensible,
soy incomprensible a sus objetividades humanistas
Carezco de existencia en este plano
que tus ojos son lo único que me despierta a
esta distopía.

En el exilio

Infancia disuelta en lagos de dolor generacional

Historia de silencios para poder comer y sobrevivir
a un sistema depredador de las fuentes de vida.

Saber que mi herencia fue negada,
cicatrices de humillación
injusticia
traición
rechazo
y abandono.

Cómo sano raíces en estado de putrefacción,
cortar duele al verte en el exilio,
Lilith guía a mi alma oscura.

No sé cuidarme, amarme, respetarme, valorarme,
sin ponerme en poses defensivas o autodestructivas.

Grito a mis hermanas exiliadas que me enseñen,
las fuerzas que tengo solo me alcanzan para respirar,
agradecer y es que no quiero molestarles,
pero es que nadie aprende sola, conocimiento colectivo.

Sé que todas tenemos
intersubjetividades diversas
y ya lo decía Audre:

no son nuestras diferencias
las que nos separan.
Es nuestra incapacidad
de aceptar esas diferencias
lo que nos distancia.

No son nuestras diferencias
que nos dividen. Es
incapacidad de aceptar esas
diferencias la que nos

Corazón estremecido

Nunca he sentido miedo de misiles que desgarran
el cielo al caer
morir por bombardeos ver mi hogar en cenizas
pero eso no significa que no lamente
mi corazón estremecido lágrimas de rabia y dolor
sucesos de barbarie se repiten en diferentes rincones
del mundo

Ataques de poderosos que juegan a la guerra
las víctimas inocentes olvidadas
no son ellos gobiernos que aprietan el botón

Sin importar la bandera ni la ideología
lamentable tantos decesos
vidas truncadas sueños rotos

En mi lugar comparto información
que transforma el velo de la ignorancia un poco
la forma en que vemos lo que pasa
todas las injusticias que ocultan ¡ENTERENCE!
de la historia y la gente

Ojalá uno o diez al día sumen en acción
lucha por un futuro mejor al construir esperanza
es cansada la batalla contra la indiferencia
nadie dijo que sería fácil
o un camino libre de obstáculos
tomo el amor fuerza que nace de la empatía
el coraje indignación ante injusticias
resurgir como ave fénix
ante los que tiran veneno y odio
a las trincheras que luchan diferentes frentes

Rugir como leona defendiendo con garras y dientes
verdad que llevo en el alma
no deja intimidar por bestias
monstruos que habitan los márgenes de la sociedad
donde la violencia acecha diario

¿Qué dolor elegir?

El dolor que me da al ver a la señora en las escaleras
del metro,
con la mano estirada, sabiendo
que la está pasando mal

y no saber su historia
más allá de entender que urge solucionar los
problemas estructurales
que reproducen la injusticia del día a día que ella vive.

El dolor que tengo cada que alguien
comete errores de esos que lastiman
a este corazón al que poco a poco
le quité la armadura con la que nació.

El dolor que me da saber que tengo
que entrar al juego de la meritocracia bizarra del
capitalismo voraz.

El dolor de saberme un ente vacío y roto
que vive al borde del abismo
en el que veo a la muerte esperándome.

Nunca sabré cómo moriré,
hasta que ese hecho pase.

Por eso dejo aquí registro de mi paso.

Me voy a levantar a mí misma
como en el pasado, temblando
por la fiebre de la varicela, esa
que me arrojó más al fondo.

No por falta de mi calidad humana,
sino porque la solidaridad es una condición en peligro
de extinción
porque los filántropos se suben a pedestales basados
en la miseria
que los convirtió en multimillonarios
porque mis gritos son oídos,
pero no comprendidos y menos auxiliados.

Cada persona construyendo amor
desde ideas aisladas y fragmentadas del ser.

Mi amor es comunal, *amo*
ya no por mis impulsos cerebrales
sino *por compasión y por elección.*

Veo corazones deambulando en Madero.
Surgen dudas:
creer que mi *conocimiento* será
el que me *ayude a solucionar*
algo del dolor social.

Problematizar en colectivo,
para construir autocuidado comunitario.
Compa, **¡deja de sobrevivir!**
Unamos el anhelo del buen vivir
y sus trece principios.
Sabiduría desde el sur.
La Utopía es aliento.

Pero hoy me pregunto
qué dolor elegir cómo escoger
un vestido para salir de paseo al parque.

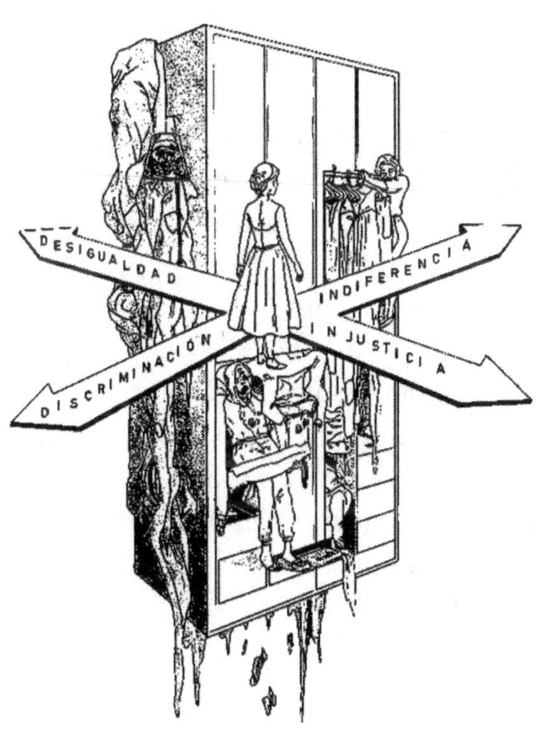
DESIGUALDAD
INDIFERENCIA
DISCRIMINACIÓN
INJUSTICIA

Coraje late

Corazón brújula rota e insistente me guía
cicatrices de heridas que aún sangran
fauces hambrientas infectadas de veneno que corroe el alma
rabia quemando por dentro
rencor envenenando recuerdos

Soledad temblor que nunca cesa
huérfana, desamparada cimbrada en la infancia
autoestima escondo en armadura de rudeza
caparazón que protege del mundo hostil
defendiéndome de los golpes
causar desagrado arma arrojadiza
barrera y muro que aísla

Estoy despojada de mi carne
esencia misma del ser
canto con fuerza del viento
aúllo a la luna con nostalgia de loba
bailo en éxtasis por la energía de la tierra
invoco vida   magia ancestral
levantarme del abismo de dolor renacer de cenizas

Navego el fango espeso
pantano de memorias aquí recuerdos se retuercen
tengo que limpiar mi sótano oscuro del inconsciente
calabozo de traumas que poco conozco y temo explorar

Necesario destruir culpa que amarra
pasado cadena que paraliza
asumir sobre hombros mi parte de la historia
iré a hacerle frente al miedo
no lo niego si tengo miedo
el coraje late en el fondo de mi ser

Para mis hermanos marcados por cicatrices
yo era ruta de su venganza blanco de su ira
pero su odio esa planta venenosa
creció multiplicándose sin control ni freno
la cordura se les nubló
heridas profundas abandonadas y descuidadas
se gangrenaron hasta matar su ser consumirlos
por dentro

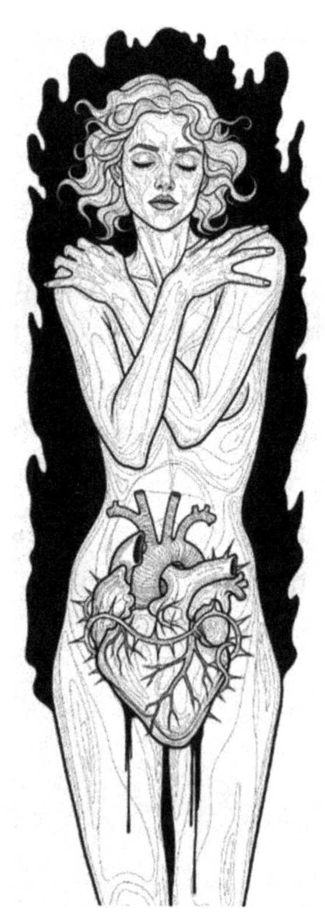

Acción de vivir

Hoy incertidumbre tatuada al alma
¿perdonar es realmente posible?
¿las heridas del pasado pueden cicatrizar por completo?
dolor huésped ingrato ¿algún día nos abandona?
vuelve inflexible y endurece al corazón
levanta muros de rencor

Reflexiono sobre ser en verbo y sustantivo
sobre la existencia   acción de vivir
esencia que me define
textos brotan del alma
sacan ese dolor reprimido
como espinas extraídas con cuidado
liberando veneno que me consume

Cada palabra es gota de tormenta interior
letras signos que dan forma al lenguaje
paralelas a la psicología explora laberintos
desentraña misterios del alma

No me avergüenza con honestidad por bandera
fui una adolescente perdida en el laberinto de la vida
sin idea de la magnitud de sus actos
otra mente en construcción e inexperiencia como brújula

No soy sabía ni pretendo serlo
mi experiencia con aciertos y errores
puede servir como mapa en tu propio camino
es ganancia o regalo que te entrego

Lo que gano al vaciar el alma en papel
es fluir   encontrar cauce a emociones
cada paso, cada palabra tiene consecuencias
olas se expanden al mar de vida

No cierres ojos a experiencias ajenas
puede crear nuevos senderos inexplorados
atajos que te acerquen a tu verdad

Personas con miopía egoísta
ignoran vivencias de otros creyendo su realidad única
y válida
hay quienes aprenden haciendo con prueba y error
otros leyendo, escuchando voces de quienes han caminado

Perfección es espejismo desértico
idea que consume y aleja de autenticidad
crea imagen idealizada más allá del cuerpo   vasija frágil
nombre etiqueta que define
profesión rol que encasilla
posesiones a tu nombre no te hacen más

Aceptar

Estoy parada en un hilo rojo que cosí para subsistir,
porque no existo,
soy una loca vestida de negro y cabello encendido.

De tanto sobrepensar llegué al absurdo,
sus contradicciones entre la ideología y lo material.

Materia gris que se ha disuelto.

Entre violencias patriarcales,
en ambas direcciones,
rompen mi inexistente
sentido del yo.
Porque sin nadie
soy nada.

Cuál es el motivo de que patee para nacer
si ya quiero
trascender el olvido.

Roles resignificantes en sociedades tan tajantes,
ante la diversidad de los mundos mentales,
las ciencias carecen de profunda comprensión y compasión.

Acepto mi abismo,
mi ilógica, mi incongruencia,
mi vacío en el que moriré con certeza…

Certeza quería y esa es la única
Toca aceptar.

Fuego vivo

¿Cómo?

Volví al estado de sentidos agudizados
animal herido que presiente el peligro
¿cómo hacer que esta luz que se asoma después de
la tormenta
no sea la que arrastre al estrés paralizante
al sufrimiento sordo al abismo oscuro de
la autodesvalorización?

Cuatro lunas de duelo y sanación lenta
aún veo esas líneas de acero cortando la ciudad
acecha en mi mente sombra del impulso correr hacia ellas
no cederé no dejaré mis pies moverse hacia su oscuridad
la risa brota más seguido y fácil
manantial que surge después de la sequia
cosas que antes me robaban la paz
pequeñas afrentas que se diluyen
en la inmensidad del presente
pierden filo capacidad de herir

Late mi corazón con fuerza renovada
al contemplar el camino recorrido
ver dónde estoy   nuevo territorio de mi ser
aún arde en mí la llama de esperanza
fuerza indomable que susurra:
"cambia junto a otras personas este mundo roto
construye alternativas sean semillas de justicia"

Hacer historias narrar la vida de otros
no es lo mismo que ser parte activa de la Historia
huella imborrable en el devenir del tiempo
mi vida con sus luces y sombras no será recordada
ni respetada por las grandes historiadoras
renuncié a ser centro de atención mendigar aplausos

Tengo inspiración y fuerza interior
para abrazar autogestión del alma
disciplina anarquista libertad responsable
¿cómo fluir con gracia y equilibrio
olas gigantes de tristeza y rabia?
paciencia y perseverancia

Ya no quiero ahogarme en mi sensibilidad
marea alta de mis sentimientos
mis ventanas del alma ya no presto indiscriminadamente
a personas o situaciones que roban mi luz mi energía vital
en la quietud de la noche me pierdo entre abejas inquietas
zumban en mi cabeza buscan una flor de loto

Corazón altamente sensitivo

Vivir con un cuerpo
que siente en la distancia
al tener cercanía con alguien
se vuelve adicto a la felicidad bioquímica.

Dicen por allí que nada es para siempre.
Sin la sombra no disfrutas de la luz.

¿Quién les dijo que no se disfruta
el andar por los matices de la vida?

Mi sombra
ya no escondo la abrazo
en su abismo
tan frío

en la que se esconde
la esencia
de la vida.
Quité las ~~máscaras del ser~~

encontré la materia oscura
que encierra la esencia del yo.

¡SER YO!
Los sentidos de la vida   me rodearon
de absurdos sesgados   por logos
convertidos en los   miles de _ismos.

Me topé con la nada al ver la historia humana
llena de:
injusticias, rechazos,
traiciones, abandonos y humillaciones.

Creí ser el problema,
al nacer en la base de la pirámide
y al no aceptar r o m p e r m e
para poder vivir la vida que ves
en aparadores del palacio de hierro.

Y veo cómo zombis del vacío existencial reproducido
por el capitalismo en las horas pico
van arrastrando el descuido de años.

Camino de reflejos distorsionados,
como en la *casa de los espejos* de la feria,
diversión que desvirtúa la realidad y la verdad,
esa que nadie posee de manera absoluta.

Soy este cuerpo disruptivo en una sociedad rota,
pues ya nada está dado por hecho,
todo cambia tan rápido que abruma mis poros.

Ojalá pudiera parar también a mi cerebro ansioso.
Ya que la rotación y el tiempo son inaccesibles a mi fuerza.

Y es que ¿en qué tengo incidencia?
Cerebro, drógate de amor propio
ese que nace del vacío
y la posibilidad de ser
¿Feliz?
No…
Esa aspiración
es vana.
Quiero silencio,
tranquilidad
ver al sol y **saberme sensitiva.**

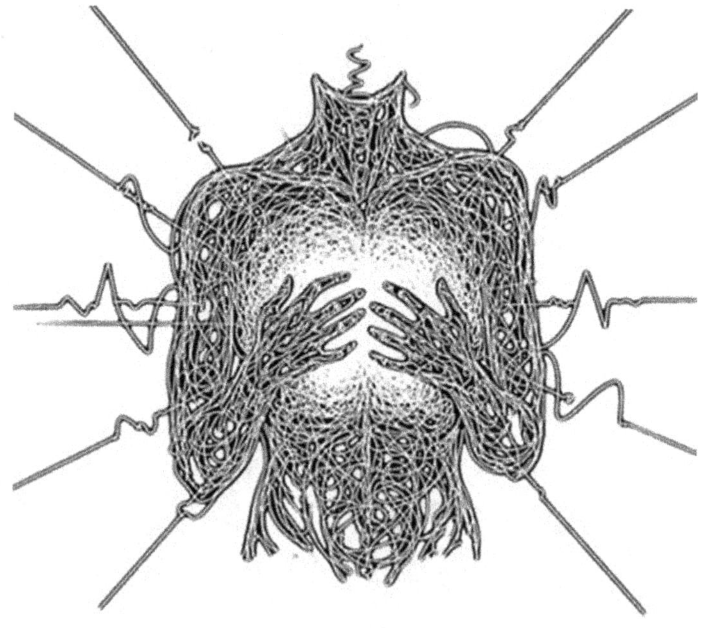

Delicado equilibrio

Lo personal es político
resonó en mí como eco distante
al escucharlo por primera vez
pareció verdad a medias
cuestioné en el santuario de mi mente

Privacidad jardín amurallado del alma
lo único que me pertenece como derecho propio
último bastión de individualidad
¿por qué exponer sin reservas, desnudar secretos y anhelos
ante la opinión pública?
Leviatán que todo observa y juzga

Experiencias maestras sabias
mostraron a personas que usan la pose
una máscara de autenticidad
discurso seductor de alternativas
prometen un mundo mejor usado para escalar posiciones
ganar dinero y fama ansiadas
convirtiendo la rebeldía en producto de consumo

¿Dónde queda la frontera entre lo íntimo y lo colectivo
entre luchar por justicia y la exhibición narcisista?
respuesta quizás no sea verdad absoluta
sino delicado equilibrio
navegar entre transparencia   y prudente reserva
entre la pasión por cambiar al mundo y
la lucidez para no ser manipulado

El viaje es incierto
a la poesía convierto en faro en la niebla
herramienta que explora complejidades de la existencia
sin pretender tener todas las respuestas
pero con honestidad de compartir las propias dudas
y reflexiones

LO
PRIVADO
ES
POLÍTICO

Amor y necesidad

Nuestra historia tejido de amor y necesidad
compañeros de la lucha diaria
condición económica estrecha aprieta el alma
acordamos unir fuerzas y sueños
construir un hogar sólido en medio de la incertidumbre

Crisis monstruo de mil cabezas
puede desgarrar lazos que nos unen
estabilidad es espejismo imposible de alcanzar
si no remamos juntos contra corriente
se desdibuja como un cuadro que pierde visión
de un futuro próspero vejez tranquila bajo el mismo techo

Hambre que ruge en el vientre
La carencia carcome la pasión
parejas con historias rotas
se derrumban bajo el peso de la necesidad
no se come de amor verdad amarga
menos en esta economía salvaje
donde el dinero compra todo hasta besos y abrazos

Amor e ingenio creatividad que florece en terrenos áridos
podemos crear senderos alternativos
solidaridad mano extendida al compañero
clave fundamental rompe la exclusión
construir puentes donde antes había muros

Soltar exigencias meritocráticas
falacia "premia al más fuerte"
nos lleva a sitios donde la voz del pueblo
es escuchada y respetada
donde la igualdad no es palabra vacía

Dar el primer paso es necesario para hallar tu lugar
descubrir tu propósito romper cadenas que nos atan
resignificar el mundo darle un nuevo sentido
colaborar con otros tejer redes de apoyo mutuo

Ponerse en los zapatos de otro
comprender su dolor y su alegría
apertura al dialogar escuchar con el corazón
para construir consensos en medio de la diversidad

Firme compromiso con el bienestar colectivo
sueño de un mundo mejor no claudicar
seguir luchando hasta el último aliento

Esfuerzos pasados

Lo gozoso de esta danza de vida
está en sudor que riega sueños
y en la pausa que recompensa al alma

Cambios de este río turbulento mundial
arrastra lo viejo y crea lo nuevo
no controlan ni pueden doblegar el espíritu
entender sus aguas revueltas
te hará avanzar y crecer en la adversidad

Nadie gana mi total confianza
murallas protegen mi corazón herido
escribo versos son bálsamo que sana mi alma
me libera de las cadenas del dolor

Vidas inician y acaban
ciclo eterno de existencia
al indígena guardián de la tierra
ignoran   desprecian
al no ser tendencia ni encajar en molde aceptadle
Existen muertes socialmente toleradas
silencios cómplices ante la injusticia

al luchar por la Pachamama que nos da vida
provocó que los mataran derramaron sangre inocente

Al ver más obstáculos que oportunidades
esperanza ocultada tras la niebla
sin ver que se dio sangre y sacrificio de vidas
para que disfrutes de libertad que hoy respiras
diversas formas de mandar y obedecer
jerarquías que oprimen y someten
y así con arrogancia de escudo
un mejor estatus crees merecer
sin reconocer esfuerzos pasados

Percibir remuneración digna
para que no encuentres obstáculo en vida
puedas construir tu futuro en dignidad

Compañero de revolución

Aceptaré solamente a
alguien que me quiera con mis fases lunares,
alguien no solo para ser mi novio,
alguien que mire las estrellas
y haga preguntas fuera de la lógica humana.

Alguien que me toque el cuerpo y perciba mi magia,
alguien que sueñe fuerte, despierto del alma.

Alguien para ser libres de la mano,
alguien que se quede abrazado a mi cintura,
incluso al irse,

alguien que se comparta entero,
alguien que sepa revolucionar el mundo.
Su mundo. Mi mundo.

Un compañero de revolución,
encontrándome de repente.
Alguien que imagine lo mismo que yo imagino sobre el amor
cuando cierro los ojos, y nos entendamos
con los ojos cerrados y los corazones a bi er tos.

Debería coincidir con otra alma libre,
con otro náufrago extraviado de la cordura,
sabio, incendio, lleno de amor propio,
equilibrista de la luz y sombra,
tan abstracto como mis anhelos,
visionario, intrépido, loco, dulce, poeta

Alguien que llore con una injusticia
y que abrace con una mirada,
que ame el olor a libro, a arte, a tierra mojada,
que sepa estar vivo en el presente
y volar, soñar, cantar, bailar

Que escribamos historias con besos.
Viajante con una galaxia en sus manos y pecho.
Un hombre de multiuniversos

Te compartí

Sé que no te amé, pero
veo lo bueno que creo haberte dado de mí.

Cuando te vi, vi una semilla
Y creí que florecerías junto a mí.

Te compartí mis ideas
poco convencionales del mundo y sus procesos.

Te compartí la posibilidad
de romper con lo establecido por las personas anteriores
a nosotros.

Te compartí mi tiempo y eso
es lo más valioso que tengo,
pues morir, en un momento dado,
llega para todos.

Te compartí momentos
de euforia y de melancolía
que habitan en mí y pareciera

que crean implosiones en mi ser
que se desvanece
cada
cierto
tiempo.

Te compartí mi cuerpo
lleno de insuficiencia,
donde llevamos a cabo la acción
de llegar al éxtasis máximo.

Te compartí lo luminoso y oscuro que hay en mí,
que puede llegar a espantar a cualquiera
y sé que no soy lo que querías.

Soy más que nada
una de esas mujeres rotas
por un sistema que nos desprecia,
pero me construyo para dejar
de sobrevivir al mundo poco sano que nos rodea.

Perdón, sé que mereces a alguien
a tu medida y esa no soy yo.

Cogiendo al vacío

Recuerdo las noches que tuve a un esclavo sexual en
mi cuarto,
como el adolescente que era,
se sentía afortunado por tener
una novia muy libidinosa

Lo sé, lo veía en su cara,
esa cara de aprobación a querer y volver a querer

Después de años dejé de ~~fingir orgasmos~~ y me volví una
ninfa pensando que tal vez así
tenía algún valor mi vida, pero descubrí que soy
un trozo de carne y nada más

En una sociedad llena de adictos
a la dopamina del placer sin cariño,
del deshago de tensión y estrés instantáneo.

Al desearte

¿Ahora qué le hago a este deseo tan asfixiante por ti,
eso que me despierta tu olor, la sensación de tu piel en mis dedos al acariciarte?

Sé que nada de lo que yo siento te importa,
soy una inútil para amar.

Me da asco que me viste como un cacho de carne
que nunca llegaría a ser esa piel blanca,
tersa y perfecta de aquellas a las que tus likes regalas.

Si bien soy una mujer
no volveré a ceder
mi comodidad para excitarte.

Pensé que nuestra conexión era un viaje galáctico;
sólo fue un malviaje a mis inseguridades más profundas.

No cederé a buscar tu pene dentro de mí
para llenar fugazmente mis vacíos existenciales,
aunque me hunda en un agujero urbano
y la hambruna toque mi puerta para vivir conmigo.

Tal vez no he sido construida para amar.
Tal vez lo humano no me es ajeno
por mi alta sensibilidad al punto de abrumarme.

Pero mi misión está fuera de mis deseos individuales y emocionales.
Vengo a dejar mi historia y mostrar a tantas que están en la oscuridad de la desigualdad estructural.

Ya me volé…

Cómo dejo de necesitarte, desearte, abrazarte, platicarte.
El asco no me ayuda,
pues solo me hace odiarme al desearte.

Rellenos de ego

Hoy me desperté de nuevo
con ese suceso de deslealtad
y es que, así como **ella me vio besarte,**

tú me besabas el mismo día que ella te besó
robándose con ello no solo mi confianza,
sino recordándome que ~~no merezco ser amada.~~

No soy digna de lealtad,
se llama principios y falta
de ellos en tu actuar.

Ya que el amor romántico
es el engaño del siglo,
sin duda lo sé

como si para la sinceridad fuera necesaria
la crueldad de **arrancar el corazón**
de una cuchillada limpia al pecho

con la fuerza en la mano para sacarlo
y lo ves en sus últimos latidos
para posteriormente morir.

Ya que en un mundo
tan acostumbrado a la mentira
a la omisión
da por resultado entes vacíos

rellenos de ego
como oso de peluche
que te da de obsequio
tu primer amor
en la adolescencia

rituales y lenguajes de amor
a los que personas enfocadas
en misiones no conocen.

¿Será cierto que sólo se enamora quien no es feliz?

Cuando eso es tan intersubjetivo
tan efímero que hoy confesaré:

"Me conté el cuento de
dar lo que no tengo
solo para verme
en las pupilas de alguien"

Ya que el espejo de mi baño
muestra una piel que crea
deseo momentáneo, pero no deja ver
el abismo en mi psique,
al cual no puedo aventarme
porque ella viene conmigo.

Déjame decirte que antes de tu engaño
yo engañé a mi propio corazón.

Siempre me siento usada:

Elijo que me uses como yo lo deseo.
Sí, ese deseo que nadie puede cubrir o cumplirme.
No pasar desapercibida por la historia.

Como Pizarnik,
si lo que hay en mi existencia es el dolor.

Pues dale directo al blanco,
termina con este de una vez,
que veo a la historia condenada a repetirse.

Nunca nos valorarán,
ni entre nosotras somos sororas
cuando nos importa más coger
que alguien más.

Sé que como yo también estás vacía,
con la máscara que el arte da,
esa donde hay risa exagerada
para no llorar mientras un vato
te abraza en tu casa,

porque te enamoraste de ella,
pero la manipulaste y le omitiste tu poliamor
con nula responsabilidad afectiva

Crear mi sendero

Algunas personas son espejos opacos
cristales empañados por sus sombras
se ocultan tras fachadas
defectos carcomen sus adentros
virtudes brillando con timidez

Valoro mi territorio-cuerpo templo sagrado
materia que a veces es lastre
arrastro en días melancólicos
cuando mi corazón amanece desolado
tristeza que se anida en cada célula

Su sonrisa de estrellas faro que ilumina mi camino
guía la oscuridad de mi carente instinto maternal
llama que no arde
conexión que a veces es distante

Compañero ser enigmático y cambiante
misterio que desconcierta cambia a su ritmo
danza que no siempre comprendo
compás que a veces desorienta

Valen cada hermana del alma
mi manada compañeras de lucha
esta era es nuestra   tiempo de florecer juntas
vamos con sororidad unidas por lazos invisibles
curando heridas del pasado cicatrices que aún duelen
tejiendo nuevas relaciones familiares
construyendo un futuro en armonía

Desde los catorce tomé mi libertad
con rebeldía y sueños rotos volando sin rumbo fijo
no he aprendido el costo
que se paga por crear mi sendero
lágrimas en la almohada
desvelos y esfuerzo agotan cuerpo y alma
relaciones que desgarran   con dolor marcan mi piel
sudor empapa mi frente

Pierdo mi tranquilidad paz que anhelo en silencio
me leo en los ojos ajenos que juzgan
reflejo de mis inseguridades profundas

Guerra mía

Hoy por fin
lloré de felicidad
al verme sana con el alma renovada,
esta piel la bendigo y la cuido,
soy de polvos de estrella

Creía tener un agujero negro en mi corazón,
cuando en verdad solo fue la más grande implosión;

Desde el sinsentido y la historia me armo.
Con la manada tiraré y reconstruiré al mundo.

Piso ligera pues mi fuerza y nobleza es interna.
Ya puedo convivir conmigo, en alegría y tranquilidad.

Guardaré la espada de Sofía,
soy guerrera de la vida.
La guerra mía está ganada,
preparada con la sierra afilada para las futuras batallas.
Ahora mi posición es de flor de loto.
Estrategia de paz.

Flores líricas

Cantar, reír, gritar erupción volcánica de mi alma
cada fibra mía imagina melodías nacidas del silencio
flores liricas que crecen en insomnios
tan ocultos secretos de mi corazón
algunas que no escribí por temores que atan mi mano

Miedo al desnudar mi alma
mostrar fragilidad cuando hay melancolía
la tristeza instalada en mi pecho
miedo a miradas que juzgan
eco de autocrítica que hiere

Busco la obra maestra que me defina
vaya tontería que me paraliza
espejismo que me aleja de lo vital

Las reglas que encarcelan
la creatividad   la escritura poética
libertad busqué a tientas
no anhelaba conocer técnicas
solo fluir palabras llevan poco de dolor
algo de esa sensación de no ser suficiente

Poema bala perdida que dirijo a mi cabeza
autodestrucción en versos pueden usarla en
mi contra
armas a manos de otros vulnerabilidad
expuesta al mundo

Maleza jungla de dudas y temores
crece en el jardín de mi alma
al final busqué mi voz
no leí poetas clásicos no me até a métricas
escribiendo sin tapujos y con honestidad
sin máscaras ni adornos desde
mi autenticidad

Sangre alzada

Mantra Sagrado

¡Gracias Útero!
¡Gracias Ovarios!
¡Gracias Cérvix!
¡Gracias Trompas!

¡Gracias Vagina!
¡Gracias Vulva!
¡Gracias Labios!
¡Gracias Clítoris!

Son complementos perfectos
para dar testimonio del ciclo eterno
y sagrado de la vida/muerte/vida.

Me permití dar vida a mis dolores
y penas, con lágrimas y poemas.

Sin saber que cuando retoñe,
morirá mi salvajismo,
el que me guía a mí y a todas.
Sociedad asesina de nuestra raíz

que viene entre las piernas.
Desean mi sabiduría
porque quieren sacar oro de ella.

Soy la que pasa las fases para ser la que sabe.

De nada me sirve entender lo exterior
si no reconecto con mi interior.

Cachorras,
despertemos la hoguera interna

para quemar a aquellos
que se pintan la barba azul
y masacrarnos quieren.

Alegoría al ciclo femenino

Pisando firme pies descalzos en el fondo del mar
tierra primigenia necesaria para semillas del futuro germinen
por más que me reduzcan a juguete de su deseo roto
soy la primera y la ultima
la danza cíclica de vida y muerte
creo y destruyo

Reventar su burbuja de poder ilusorio
desafiar su dominio
lucha que nace desde el corazón infinito
fuente inagotable de amor y resistencia
ellas nos anteceden nos guían con sabiduría
ojos de ancestras estrellas en el firmamento
en el cielo fulminante bendicen el camino

La magia ancestral polvos de estrellas
cae en nuestras cabezas
ungiéndonos fuerza cíclica color violeta
energía transformadora   ilumínanos
el camino hacia nuestro destino sagrado
Días azules de claridad y alegría
otros días grises de melancolía y duda

ando con preguntas sobre los matices
de la existencia
¿qué falta por vaciar de mi ser profundo?
¿o será más bien qué falta por llenar en plenitud del alma?

Veo al espejo reflejo mi esencia y me recuerdo
sin importar si me encuentre en oscuridad o luz
mi presencia es regalo yace en el ahora
pasado y futuro no me roban la paz
porque soy dueña de mi propio tiempo

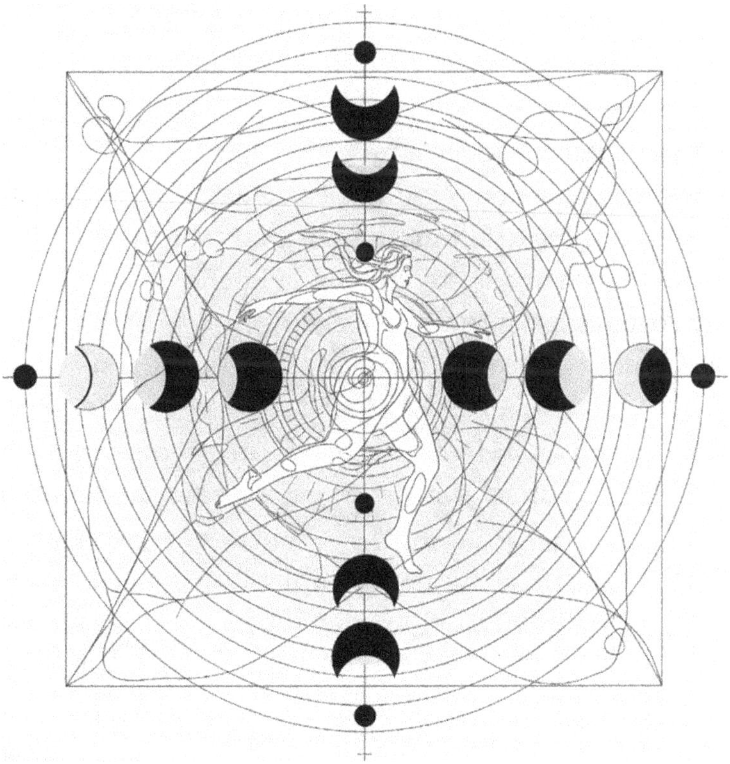

Hija de la noche

Es acaso cuando vienen a mí
soluciones, reflexiones y nuevos sueños,
porque encuentro la tranquilidad y el silencio
que no hay en el día, **soy hija de la noche,**
porque a pesar del frío veo al cielo
para cargarme de energía lunar.

No es casualidad la hora en que nací ni la temperatura fría.
Las palabras corren por mi pensar *como el agua del río sobre mi piel.*
Lo que haga con el nuevo experimentar
es permanente como el tono de mi piel.

Existo

Me enseñaron que
mi presencia es irrelevante.

¿Me amas, pero me niegas?

Vale oro lo que aprendí y lo que hago
con lo adquirido, no soy
mi pasado. Sin embargo, sin él
no sería la que soy:

DIALÉCTICA

esa contradicción que caracteriza
a las sociedades humanas.

Amar con dolor
el placer del dolor.
El amor propio que
será capaz de unirnos.

La consciencia social que nace desde
el entendimiento del ser, su esencia
y su abismo, que vive en los matices.

¡Soy una incongruente!

Quiero sanar, pero no quiero
admitir todo lo que me ha enfermado.
Aplico la de negar el pasado
y sin más, ¿sigo adelante?
No es lo mío.

En los detalles está
el infierno. Pero
esos detalles, me
abren la posibilidad
de entenderme
y comprenderte.

Construir sociedades, no es
solo ver en lo que coincidimos y ya.
Organizarse es conectar los corazones.
Por ello saco en cada texto, o en cada
conversación, lo vulnerable.

Sí, sé que es arriesgado
y más si mi corazón maltrecho está,
pero sigue latiendo
segundo a segundo
día a día.

Soy un *Sol,*
hija de la *Luna,*
astros que dan vida
y me ayudan a entender mis fases.

¡Vaivén de luz!

Soy parpadeo del Universo,
si no me abrazas ahora…
no habrá mañana.

Reflexiones

¿Tu vida es complicada o es alivianada?
¿Quieres que sea una ciudadana o alguien liberada?
¿Solo piensas en ti y en los tuyos o en todas las personas
del mundo?
¿Te sientes feliz o eres feliz por tu rumbo?

¿Eres alguien moralmente bueno o reconoces
tus malos pasos?
¿Le darías tu lugar en la vida a alguien o quieres
que los otros
se rasquen con sus uñas?
¿Lo haces por imagen y posicionamiento o porque
no tienes mucho que
dejar en el presente?
¿Prefieres ir solo o de la mano en este trayecto?
¿Completo o en construcción?

Calma

Caminando equilibrando el alma
entre lágrimas y carcajadas
mundo líquido en mis venas
disolviendo la armadura de la autosuficiencia

De mi boca brotan metáforas retorcidas
caparazones de la indiferencia para oídos sordos
que cancelan las diversidades sensitivas

Tus latidos tambores de la vida
y tu susurro del viento sutil
encuentro la calma
oasis de mi ansiedad
que galopa en mis neuronas

Punzadas del alma
de Eros y Tánatos
quiero extirpar de raíz
entre sollozos de mi corazón roto

Viviendo o sobreviviendo
donde el sapiens sapiens

devora los elementos naturales
entorno tóxico
vertedero del progreso ciego

El poder del leviatán de la codicia
secuestra la empatía
roba la consideración
mutila el respeto

Mundo de psiques rotas
espejos quebrados que reflejan
la fragmentación del alma
cegada ante la belleza
y la complejidad del ser

Reivindicación

La esencia de rosas es peculiar a mí,
al entrar a mi sistema me recuerda tus abrazos,
brazos dulces como pétalos.

Por ti amo el color rojo,
carmín en su pura sensualidad,
intensa cuando tocas sus espinas dolorosas.

Sonrisa en tu transmutación alquímica,
representas mi ancestralidad divina.
esa sangre roció en tus muñecas trabajadoras.

Fuerte eres en esencia, resiliencia,
morir viviendo se encarna en ti.
llantos nocturnos fueron para ti como lava,
quemando tus sueños pero no tu nobleza.

Viviendo en la sombra de la maternidad,
la mitad de tu vitalidad llegó al fondo de la violencia,
sobreponiéndose a la precariedad.
ver por tus hijos llevó sacrificios,
hoy te veo y puedo aprender todo lo bueno,

rosa con espinas clavadas invertidamente.
lucha cotidiana queda invisibilizada.

Altares
creé para ti
en la lejanía.
Respeto que nunca derribé.

Soy el sol que te alumbró,
te amo, pero aún duele,
sano cada mañana.

Estas letras son reivindicación:
Al amor entre madre e hija.

Yo también

Yo también *nací*
en el sistema patriarcal.

Yo también tuve una amiga
en mi primera infancia
que nunca olvidaré.

Yo también me supe indefensa ante
los sustos del niño bravucón del salón,
siendo mis primeros estímulos
para el síndrome de la indefensión aprendida.

Despersonalización
fue el mecanismo
que mi cerebro infantil
eligió para sobrevivir.

Yo también
fui la **hija buena**
al defender a su madre
de los barba azul.

Yo también
pensé que a mi madre
le gustaba sufrir
al verla en el ciclo de la violencia.

Yo también
vi primero mis defectos corporales,
al **observar** que nos aman en función
de qué tan atractivas somos.

Yo también
quise ser la popular y al ver que no lo era
se metía en mi corazón
la misoginia interiorizada.

Yo también
quise ser deseada por hombres
que solo me veían como objeto sexual
para su placer patriarcal.

Yo también
vi parejas y pensaba que el amor no existe
por lo que solo seducía hombres
para demostrar que no me amaban.

Yo también
rompí vínculos
con la bonita
con tal de verla sufrir.

Yo también
tuve sexo sin importar
las consecuencias

solo por llenar el vacío
con aprobación masculina.

Yo también *creí*   en los aliados.
Yo también le di prioridad
a los hombres   sobre las mujeres.

Yo también **elegí** mi comodidad
en lugar de ponerme a reflexionar.

Yo también ~~callé mi intuición~~
para ser amada a medias.

Yo también **critiqué** a   otras mujeres maternando.
Yo también aventé veneno a   otras mujeres
al ver que no eran feministas.

Yo también **usé** violencia
en contra de   otras mujeres.

Yo también **aprendí** a escucharme
para sanar y cambiar día a día.

¿Sirve el feminismo?

¿A mí para qué me sirve el feminismo?
pregunta resuena en eco de la ignorancia
murmullo de indiferencia

¿Qué sabes tú de feminismo
si no te dio conocimiento de poder y esencia
si no te mostró esa fuerza que reside en tu cuerpo?

¿Qué sabes tú de feminismo
si no posibilitó que tu hija viva
sin el acecho constante del miedo a la violencia
sin el temor a ser despojada de su cuerpo y alma?

¿Qué sabes tú de feminismo
si no te dio el amor y sororidad de amigas
hermanas de lucha, compañeras de camino
si no te mostró la unión femenina?

¿Qué sabes tú de feminismo
si no te dio fuerza para liberar a mujeres

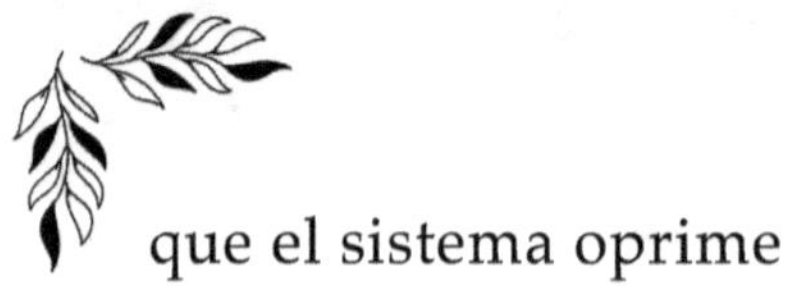

que el sistema oprime las que la sociedad ignora
si no te impulsó a alzar voz y puño por las que aún no pueden?

¿Qué sabes tú de feminismo
si no te liberó de la misoginia vivida en casa
de los prejuicios que encadenaban
de roles que asfixiaban
si no rompió las cadenas patriarcales?

¿Qué sabes tú de feminismo
si no te dio vías en dialogo y construcción con otrxs
hasta aquellos que no comprenden
aquellos que resisten ante cambios
si no te enseñó a tender puentes en lugar de muros?

Al explicarle a mi hija
niveles de inseguridad
sufrida por lxs niñxs en México
sitio de contrastes de dolor
al responder su inocente pregunta
¿qué es pedofilia, trata de personas y feminicidios?
crímenes que desgarran mi alma
ella me dijo con tristeza en su mirada
"ay, qué malo que soy niña"
frase retumbó en mi interior

Me partió el corazón
hizo añicos mi esperanza y sentí culpa
de traerla al mundo falocentrista

patriarcal y machista
donde ser mujer es moneda al aire por la violencia
estructural

Y le dije con amor y convicción en mi voz
"no, mi amor hermosa,
el problema no eres tú ni tu género
porque eso te hará despreciar
tu esencia negar tu identidad
es problema de nuestro entorno
no valoran a las mujeres
cosificándolas y oprimiéndolas como objeto
no como ser humano completo"

En el interior

Con mis manos moldeé este corazón
vasija de barro donde grietas son raíces
que se hunden en el alma
decoré con flores de una placidez efímera
injerté alas metálicas de sueños modernos
para volar más allá de la jaula del mundo

Llegué a estrellas risueñas
son faros de la noche interior
guiando al regalo mágico
bola de cristal
con anhelos muy profundos

En mis sueños venían a hablarme
voces del colectivo
susurros de verdad silenciada
en el mundo de la superficie y las apariencias
dicen que nací en la sima de la opresión
desde que era óvulo llevo la fuerza de la vida

Rompí la jerarquía del arriba-abajo
derribando muros de desigualdad

en el interior el santuario del ser
enfoco al mundo con la luz consciente
es mi único alojamiento
paraguas mental contra el mundo muerto
la realidad está petrificada

Rabia colectiva es la brújula del alma
acto desalmado si rompe las dialécticas
o si niega la multiplicidad del ser
volver al ser esencial no es viaje solitario
es danza comunitaria:
todo para todos, utopía posible
base de una nueva sociedad

Liquidez social

La paz de una mente sin arrepentimientos,
encontrarla dentro de mi cuerpo

Mantenerme sensitiva,
pensamientos recurrentes ya les puse freno

Puedo ver la realidad, sea compleja o sencilla
elegí enfocarme en la necesidad de ser mujer social

Escucharme y escucharte para juntas caminar,
ganar ambas sin otra estrategia que la colectividad

Somos encarnación de cambios más allá de los ismos,
teorías que ante la otredad son condenatorias

Si sólo pienso en mí y no en la comunidad,
me aisló por mantener la ilusión de la estabilidad

Liquidez social en la que hay que *surfear con rapidez.*

Si caigo de la tabla nado en las representaciones comunes,
salto y gano para que mi hoguera no se apague

Sé lo que hay que hacer para subir a la cima,
lenta pensé ir, pero vaya que no es así

Leona soy, ando al acecho de mis misiones
morada pequeña, al ser una de calidad.

Hijas de la luna

Danzantes del fuego transmutador
cantos verdaderos rezos ancestrales
son homenaje a las que ya no están
nos arrebataron hermanas de tambache
guerreras su energía sigue en la tierra
impulsa lo sanador fuerza que une

A los elementos vitales protegemos con garras y dientes
cachorra aúlla a la luna pide un deseo
somos hijas de la noche
herederas de Lilith
multifacéticas como la luna
cíclicas, sabias, brujas, madres, amantes, indomables y libres

Andaremos libres desatando las cadenas del miedo
las runas antiguas auguran un futuro de
poder femenino
manada luchando juntas sin olvidar la fragilidad
no ceder a la sobrecarga
nos quieres desvanecer borrar nuestra esencia
robar nuestra libertad, pero talaremos al patriarcado

afilaremos la sierra de la conciencia
con nuestras sabidurías heredadas

El legado que aporta fuerza para construir la
autonomía enraizada
en este capullo verduzco crisálida de transformación
nacen posibilidades un nuevo mundo florece
lo deduzco en danza de las estrellas
pasaremos las fases necesarias creciendo y aprendiendo
cada una a su ritmo sin apurar el proceso

Parece que el tiempo se terminara
pero arriba en las constelaciones infinitas
las diosas nos llaman quieren que conjures
magia que llevas dentro fuerza de la luna

Voz vuela libre

Pensar en el último suspiro de mi tiempo
me sentí hoja al viento
irrelevante y diminuta a la existencia
gota del océano galáctico

11 de mayo   grabada a fuego en mi memoria
el aliento me faltaba   COVID anuncia mi muerte
aumento la ansiedad   monstruo devoró la paz
sentí desperdiciar mi vida   escaparon días
como arena entre mis dedos
momentos de alegría pocos
el privilegio de la ciudad
cuna de "oportunidades"   educación que "nutrió" mente
necesidades primarias cubiertas en la infancia

Tiempo no eres maestro sabio y paciente
aprendí que insatisfacción que oscurecía mi alma
sembraron con semilla amarga mi corazón
herida que sangró en silencio

También aprendí   soy arquitecta de mi destino
creadora de mis pensamientos
los que hieren y los que sanan
los que crearon fantasmas de la mente

depresivas cadenas que me atan
por lo tanto, puedo crear
mi remanso en la tormenta
mi sol que disipa la niebla
mi música armónica que calma mi alma

Empecé un sendero de flores y espinas
camino al autocuidado quererme sin condiciones
abrazar mis imperfecciones
cantando voz vuela libre
recitar o rapear dando ritmo a emociones
creando otra energía que nace de adentro
meditar en silencio encontrar mi centro en el caos
conciliar el sueño bálsamo reparador
mi insomnio torbellino de ideas
al mil por hora mente sin descanso

Tomar té ritual reconfortante
es abrazo en taza
son los primeros pasos pequeños pero firmes
si el telón cae hoy termina mi corazón en paz
cultivé mi jardín interior

Sombra Danzante

Bienvenidos

Disciplina creativa, oficio de desentrañar el alma
labrar la palabra en la roca del silencio
pareciera que en la artes orales y escritas
se requiere un torrente de palabras sin fin
para tener algo que trascienda
que conmueva que ilumine

Pienso con honestidad
¿estoy dispuesta a que no todo lo que escribo
será categorizado "de calidad" por cánones establecidos?
he renunciado a la validación ajena
creo que el rechazo al que más temo
el que más duele es el propio
voz interna que juzga y censura

Materialmente y dialécticamente no rechazaré este cerebro
con laberintos y conexiones
ni a este vehículo imperfecto templo y herramienta
que expresa la sinfonía que llevo dentro
lo vivido y aprendido
experiencias que me han marcado
lecturas que me han nutrido

considero es combinación única de ingredientes interesantes
nace mi alquimia personal

Persona que vivió salvándose constantemente
de catástrofes naturales y humanas
capaces de matar cuerpo y espíritu
no negaré que pasé gran parte de mi vida
a merced de distorsiones, miedos y fantasmas
laberintos oscuros
anhelo emancipación de almas
se ofrece consumo desenfrenado
a todo se le pone precio
amor, vida, muerte, valores relativos en un mundo líquido

La totalidad no la construyo yo
con mi enfoque individual   sin embargo
mi mirada influye en cómo la percibo
y me hace pasar días más luminosos u oscuros
teniendo la consciencia de la finitud
claridad meridiana   venimos a este mundo
misión única, aunque sea pequeña
dejamos huella imborrable

El mundo con tu entropía caótica
tomará lo que le convenga de nosotros
debemos atrevernos a dar lo mejor y lo peor
de esta que soy siendo ser imperfecto en un suspiro cósmico

Bienvenidos a mis ciclos de luz y sombra
mareas emocionales
danza constante   creación y destrucción

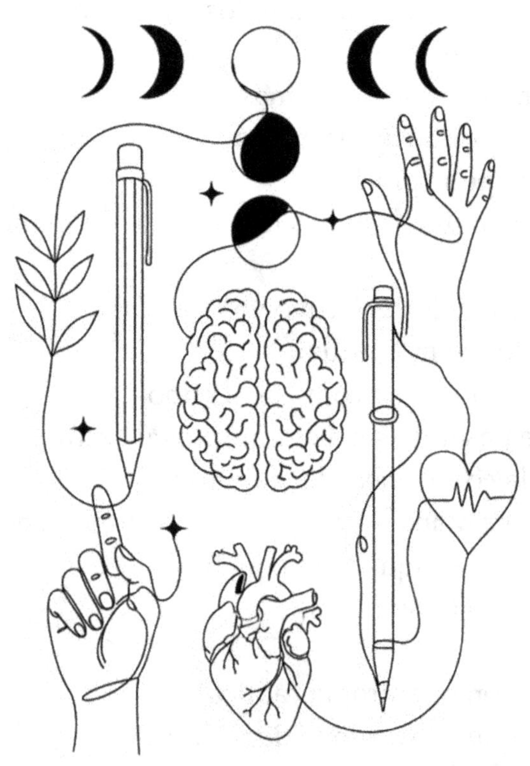

Ambivalente

Días nublados ya no opacan el corazón
mente telar de neuronas
desteje el caos hilvanando la verdad

Me niego a la ceguera de la ilusión vacía
pero no me suelto del brazo de la esperanza
me levanto a ser artífice de cambio

Ambivalentes valores
Espejismos rotos
realidad cual río escurridizo
me aferro al hilo de la poesía
letristas de sombras y luz carmesí
tejiendo mundos hasta el último aliento

Lluvia
navajas de cristal con veneno que purifica
llanto potable filtrado en el crisol del alma
mi sangre fluido turbio de traición y dolor ancestral

Arranco mis cabellos liana de la cordura
grito al eco ¡cállate duda!

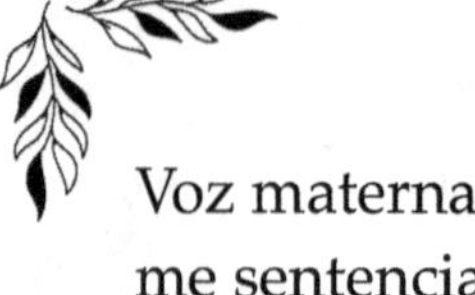

Voz materna   me sentencia a la culpa
me sentencia   al abismo

Pero veo el horizonte
con ojos de búho   discerniendo el yin y el yang
la danza en los matices   de las galaxias
miro a los ojos con el alma
para no desvanecerme   en la nada

Tócame solo si despierta   el mapa de mis sentidos
transitando sensaciones
no me compares   con el mundo
porque no lleno el molde   vaciando mi voluntad

Danza de vida

Plasmo en versos mis luces y sombras
marcan camino identifica coincidencias
con tu danza de vida
ve múltiples escenarios se despliegan ante ti
abanico de posibilidades
haz cambios que consideres necesarios
poda ramas secas riega semillas de sueños

Cada decisión pequeña o trascendental
modifica el rumbo de tu destino
no elijas la omisión ni paralices por miedo
inacción también es elección
una elección tomada por peso de expectativas ajenas
puede transformarse en laberinto de arrepentimientos

Ya no señalo con dedo acusador
pero sí pido asumir consecuencias de actos
nadie resuelve escondiendo la cabeza bajo el ala
sin claridad mirar de frente la realidad
heridas cicatrices del alma
escarbarlas con paciencia arqueológica
dilucida qué modificar para sanar raíz

Sucesos dulces o amargos
han moldeado tu carácter como cincel de escultor
da forma a la piedra con matices y distintos grados
somos similares compartimos esencia humana
somos diversos únicos e irrepetibles
nos unen condiciones y contextos
pero cada uno su propia historia

Si al compartir mis vivencias
no logras sentir resonancia en el interior
otro sendero diferente paisajes y desafíos
te tocó caminar y está bien
diversidad con sus formas y expresiones
debemos respetarla y celebrarla como tesoro
a menos que pretendas imponer tu verdad y tu ego
te ciegue
y te haga desear pisotear las dignidades ajenas

Inspiración embriágame

¡Silencio!   latigazo a mi alma
mordaza en la boca desde la escuela
sombra que sofoca mi voz en casa

El silencio de la poesía
río subterráneo filtro mi piel
burbujea en mis venas agua de roció
dulce y cristalino oasis de mi alma

Versar cosas
invisibles al ojo enajenado
intangibles al tacto desconectado
indomables al poder estatal
mis pensamientos torrentes de imágenes
se drenan sin freno cual pulque de Mayahuel
néctar de los dioses   inspiración embriágame
y libera palabras

El eco vació de la poesía
inunda las grietas de corazones desolados
disipa la soledad como niebla al sol
carcome el alma cual acido corrosivo

Almas efímeras aprisionadas en carne y pellejo
llenas con ácido de insatisfacción
sed insaciable de los abismos negros
agujeros del alma donde se pierde la esperanza

La poesía llama a la oscuridad
grito que rompe silencios danza liberando
mi cuerpo
canto eleva mi espíritu la palabra da sentido a
mi vida

Tolerancia al dolor

Pensar que la vida es dolor en primer momento
parece pesimista,   de gente negativa

La cultura de los buenas vibras,
dictando que tienes que vibrar alto,
                                        deja un estigma

a los que pareciera nos gusta el dolor
o lo hemos vivido frecuentemente en la vida.

Perdona, pero sentí dolor antes de nacer:
                                        el día que mi madre
                                        se enteró que mi padre
                                        había tocado
                                        a mi hermana de ocho años,

sentí su dolor dentro de ella
yo con solo cinco meses   sin entender nada
al sentir que la vida nos dejaba a las dos.
                        Comencé a patear en defensa de mi vida
creo que esa fuerza mía   le dio algo de fuerza a mi madre
al detener la hemorragia   en sus muñecas.

Ella dice que por eso soy su Sol,
pero siento que tanto me dio
que nuevamente su ser se disolvió.

A veces digo que estaríamos ambas bien
fuera de esta existencia
pasando desapercibidas por la historia
abrigadas en el olvido.

Otras veces me pregunto si soy fuerza y luz
lo dudo porque ese dolor de luchar
por la vida parece nunca dejarme

Así que, sí.

Mi lucha me trae dolor,
pero dolor que
por un rato me *tumba*

para agarrar **fuerza**
y luchar en llanto
en canto.
Por eso lloro cuando recito.

Las vivencias que he tenido
me han desarrollado
una gran tolerancia al dolor.

No soy masoquista
porque no lo disfruto.

Más
bien
aprendo
comprensión,
compasión,
escuchar,
abrazar,
amar.

Al natural

Descalzos en la tierra sagrada
damos origen a estrellas fugaces
chispas de vida en la noche cósmica
energía primigenia
fuerza creadora circense
danza de opuestos en el gran círculo
alegría y tristeza entrelazadas
mascaras cayendo almas liberadas
en el vientre de la naturaleza

Las niñas salvajes
brujas de luz y sombra
siempre se curan con agua y viento
ojos fijos en la marea
el rostro cambiante a la luna
nadan desnudas a las profundidades del ser
donde los sueños te despiertan
cierran los ojos al mundo exterior
para abrir su portal interior
conectado con el latido ancestral
Pláticas al fuego sagrado
almas danzando en espirales

desentrañando misterios de los procesos oscuros
transforman plomo en oro
divina consciencia
geometría sagrada expanden
aumentan las líneas fractales
en los desiertos del alma
florece la vida donde solo había sed

Muerdo cactáceas regalos de chamanas protectoras
sabiduría ancestral ofrendada en el umbral de lo incierto
guían en la oscuridad del laberinto
viajes al corazón
dan claridad   cartografías del alma
a mis pasos diarios en la tormenta de la vida

Llorar bajo la lluvia bautismo celeste
purificando el alma
lava las heridas gangrenadas
cicatrices pesan como cadenas
tomo mis perlas de sabiduría
y abandono la lluvia
renaciendo en arcoíris

Los gemelos

Dos relaciones con los gemelos
su oscuridad que me llena el corazón de lava
arde como el infierno
en el que me hacen habitante.

Aquí no hay empatía.

Sus bocas están llenas de *reflejos* ocultos en
sonrisas **malvadas**
como las de un payaso asesino.

Por fuera tan simpáticos,
carismáticos
tan amorosos.

Sus almas están viciadas por el ego,
De pie en el estrado,
dando lecciones
magistrales al alemán.

Ocho lágrimas

Vienes en recuerdos *silenciosos*
para que yo sin notarlo suelte **ocho** *lágrimas ácidas.*

Llegan a mi corazón para calmar la ansiedad,
esa que nace de los vaivenes de tu *carente amor,*
lleno de tanto placer, vacío de huellas.

No quiero que te vayas, pero tu silencio
me mata la intención de un diálogo, en donde
me das el papel
de la *sorda*
poco amable
que de todo
se *olvida.*

En este drama que se convirtió la relación,
conocerte fue algo único, que me enseñó
mucho de mi propia oscuridad.

Por eso y más, **gracias.**

Narciso

Adorable por fuera
máscara de amable aliado
y sensible **artista.**

Te miraste en el espejo de las ninfas,
te *ahogaste* en nuestro lago.

Las *ninfas* se enamoraron
del narciso al **cantarle.**

Queda bien con las que le sean útiles
~~mentiras super elaboradas~~ para saltar
de boca en boca de vulva en vulva.

No te extraño
porque ya te encuentras muerto
al fondo del lago de mi corazón.

No quiero ceder

La seguridad es la percepción de que no se hará ningún
mal o daño a tu persona.

Veo mis condiciones materiales y emocionales y sé que,
ante el posible daño, **podré enfrentarlo,**
pero no por mucho tiempo y menos sola.

Quisiera cumplir todos mis sueños,
pero este cuerpo que habito está debilitándose,
quiere paz, aunque sea interna.

Voces familiares que suenan en mis adentros repitiendo que
soy incomprensiva, irresponsable,
hipócrita y hasta rara en mala manera.

No me siento dueña de este corazón que se va alentando
con los años.
No puedo salir del templo que se incendia,
me duele verme pereciendo.
Muñecas sangrantes imagino,
no quiero ceder a ti por ellas.

¿Comó te quito de mí?

No quiero llorar porque *me duele la cabeza y el corazón*
No puedo dormir bien, pienso al mil por hora,
estás invadiendo mi ser y no quiero,
siento las manos adoloridas,
los *ojos hinchados;*
no tengo ganas de hacer nada.

Sé que no vales todo lo que estoy pasando.
Pero **¿cómo te quito de mí?** Esos recuerdos
lindos que duelen, son más que las fotos en mi laptop.

Mi entorno me recuerda a ti,
palabras que me recuerdan a ti.

Ahora entiendo por qué mi psicóloga dijo:
Viene lo más difícil
porque este sí es el final…
de su historia.

Admito

Honestidad desnuda sin máscaras
mi ternura es natural fluye desde mi fuente cristalina
pero mi rabia tormenta que ruge con fuerza primigenia
coexiste el yin y yang en mi ser

Te lo advertí con claridad de trueno
cuando jurabas amar cada parte de mí
puedo hacer que me temas volcán en erupción
y después en calma hacerte el amor
hasta que te rindas ante el amanecer

Transformarme desde raíz eso vendrá como semilla
que germina
no de palabras vacías en tus intentos de moldearme
te parece egoísmo lo entiendo, pero es amor propio
escudo que me protege las heridas del pasado
abrazo que me doy en la soledad presente

Nunca alguien de este mundo hostil
me hizo sentir segura completa y valiosa
amor fuego sagrado lo encendí y alimente

con mi propia sangre de mi para mi
fuego creciendo en la chimenea de mi alma

He ignorado estereotipos etiquetas expectativas ajenas
mis preguntas existenciales me queman adentro
inmensos océanos cosmos inexplorado
en ellos me pierdo   me encuentro
búsqueda constante de mi verdad

Sin título

Yo mujer de alto grado de amor por lo que me rodea,
podré estar sin nada en el bolsillo,
pero nada me noquea,
pues además de mi hija y el hombre que me ama,
sé que lo más importante, es…
que sea **yo la que se ama.**

Hoy cuando hay problemas económicos,
nada más puedo estar tranquila,
pues el dinero llegará y me dejará así nada más

Porque lo que quiero es una vida llena de sabiduría,
amor para ayudar a mi hija a cumplir sus sueños;
dejar al mundo una semilla de amor
que crecerá con gran pasión. Ayudará con fervor a
todo aquel que una mano necesite.

¡Encuéntrame en mis redes sociales!

Instagram: Sista Lily
Facebook: Sista Lily
TikTok: Sista Lily

www.ingramcontent.com/pod-product-compliance
Lightning Source LLC
Chambersburg PA
CBHW072249270326
41930CB00010B/2321